Le secret
de Grand Grand

Yvon Mauffret est né à Lorient en 1927. Il écrit depuis toujours et ses ouvrages publiés chez de nombreux éditeurs ont été plusieurs fois primés. Aujourd'hui il vit dans une maison bretonne tout près de la mer et c'est là, en compagnie de ses animaux familiers que sont les oiseaux de son jardin, qu'il écrit.

Henri Fellner est né en 1962. Il a réalisé ses premières illustrations parues dans *Astrapi* lorsqu'il était encore étudiant aux Arts décoratifs à Paris. Aujourd'hui, il travaille régulièrement pour les magazines de Bayard Presse ; il a aussi illustré un roman pour Gallimard. Quand il abandonne son crayon et ses pinceaux, c'est pour réaliser un film de court métrage, sa passion, ou se réfugier dans la nature sauvage du Lubéron.

Bayard Éditions est une marque
du Département Livre de Bayard Presse
ISBN 2.227.72286.X

Le secret de Grand-Grand

Une histoire écrite par Yvon Mauffret
illustrée par Henri Fellner

BAYARD ÉDITIONS

L’étrange disparition d’un monsieur bien tranquille

Je vais vous raconter une drôle d’histoire qui nous est arrivée l’année dernière. Un beau soir d’avril, juste avant Pâques, mon grand-père a disparu ! Personne ne savait ce qu’il était devenu.

En principe, un grand-père,
ça ne disparaît pas comme ça.
Ça laisse des traces :
un petit mot
sur la table de la cuisine
ou un message
chez la voisine,
par exemple...
Ou bien encore,
ça téléphone
d'une cabine publique.
Mais cette fois,
rien du tout !

Mon grand-père,
dans la famille
tout le monde
l'appelle
« Grand-Grand ».
D'abord,
parce qu'il est
réellement grand :
il mesure bien
un mètre quatre-vingt-dix.
Et ensuite
parce qu'il est grand-père.

Inutile de vous dire que Grand-Grand ne nous avait pas habitués à disparaître comme ça ! C'était un monsieur bien calme, qui profitait tranquillement de sa retraite après avoir travaillé comme chef comptable à Magi-France (c'est une fabrique de confettis, de masques et de farces et attrapes). Un poste sérieux occupé par un monsieur sérieux !

Ça n'empêchait pas Grand-Grand d'aimer rire et s'amuser. Il connaissait des dizaines d'histoires, de chansons et de devinettes.

Il avait aussi des mains merveilleusement habiles. Nous, ses petits-enfants, on lui demandait souvent :

– Grand-Grand, fais-nous un petit tour de magie !

Alors, juste pour nous, il faisait sortir des mouchoirs multicolores de ses poches ou des cartes à jouer de ses manches. On ne s'ennuyait jamais avec lui !

Moi, je l'aimais beaucoup. Et je crois bien que j'étais son petit-fils préféré, même s'il ne le disait pas, pour ne pas faire de peine aux autres.

Alors, forcément, lorsqu'il a disparu, je me suis senti tout triste ! Il n'était plus là pour me dire : « Boris, mon petit lapin, tu veux que je te range dans ma boîte à malices ? »

Mais où est passé Grand-Grand ?

Évidemment, on l'a cherché partout. On a appelé la police et les pompiers ; on a téléphoné partout dans la région ; on a même mis une petite annonce dans les journaux, qui disait :

GRAND-PÈRE,
SI TU LIS CETTE ANNONCE,
REVIENS VITE À LA MAISON,
NOUS T'ATTENDONS.

Ça n'a rien donné : il n'est pas revenu.

Alors, la famille a tenu un grand conseil de guerre. Il y avait là mon papa, qui est l'aîné des fils et aussi pharmacien. Puis ma tante Isabelle, l'oncle Georges, la tante Blandine et même l'oncle Silvère, qu'on ne

voit pratiquement jamais parce qu'il est cameraman à la télé et qu'il est toujours en reportage, à droite, à gauche, dans le monde entier. Et puis, il y avait nous tous, les petits-enfants, et Loupi, mon chien. Tout le monde, quoi !

– Il est peut-être retenu en otage quelque part ? a dit Tante Blandine.

– Par qui ? a demandé Oncle Silvère.

– Par des bandits peut-être, qui vont demander une rançon énorme.

Oncle Georges a soupiré :

– Ma pauvre Blandine ! Ils nous auraient déjà demandé de l'argent.

Tante Isabelle a suggéré :

– Il est peut-être tombé dans la rivière en rentrant à la maison.

– Impossible ! a déclaré Oncle Silvère. Les pompiers ont tout fouillé. Il y a même des hommes-grenouilles qui ont plongé. Sans résultat !

– Alors, où est-il ? se sont-ils exclamés tous ensemble.

Mais bien sûr, dans la famille, personne ne pouvait répondre à cette question, et Grand-Grand demeurait introuvable.

Une semaine a passé, puis une autre, et encore une autre. Aucun signe de vie, rien ! Finalement, c'était peut-être Valérie, ma cousine, qui avait raison quand elle disait que Grand-Grand avait certainement été enlevé par des Martiens. Après tout, pourquoi pas !

Nestor Loseille intervient

Finalement, Papa a engagé un détective privé. Je m'attendais à voir arriver quelqu'un du genre de James Bond ou de Superman. Pensez-vous ! Nestor Loseille était petit et rondouillard. Il avait la figure rouge et il postillonnait sans arrêt. Je ne voyais pas comment un tel individu pouvait retrouver mon Grand-Grand.

Mais Papa, lui, avait l'air d'y croire.

– Je me suis renseigné, disait-il, monsieur Loseille est le meilleur détective de la région. C'est lui qui a découvert les bijoux volés de la comtesse Plantoire de la Bernerie. Vous voyez bien !

Mais on n'a rien vu du tout !

Nestor Loseille a téléphoné deux fois à Papa, pour lui dire qu'il était sur une piste sérieuse.

La première fois, il voulait nous amener le caissier d'une grande surface qui s'était sauvé avec l'argent de la caisse. Ce n'était pas le genre de Grand-Grand, qui, en cinquante ans de comptabilité, n'avait jamais volé un centime à son patron.

Quant à la deuxième piste, c'était un très vieux monsieur, d'au moins quatre-vingts ans. On l'avait retrouvé, perdu dans un train : il avait des trous de mémoire. Nestor

Loseille, par contre, n'oubliait jamais de se faire payer. Et Papa commençait à se poser des questions.

Mais le détective, toujours très sûr de lui, répétait :

– Patientez, Monsieur, patientez ! J'ai une piste très sérieuse en direction de la frontière belge.

Bien sûr, ça n'a encore rien donné. Alors, Papa en a eu vraiment assez, et Nestor Loseille a disparu de la circulation !

Grand-mère reste calme

Les grandes personnes ont fini par penser que Grand-Grand avait disparu pour toujours, que jamais nous ne le reverrions, qu'il était mort, quoi !

Moi, je ne sais pas pourquoi, j'étais sûr

que ce n'était pas vrai et qu'un jour ou l'autre Grand-Grand reviendrait, avec ses yeux bleu clair, sa moustache grise et son rire sonore. Il arriverait sans bruit, comme il était parti, il prendrait place à table, devant son rond de serviette, et, tranquillement, il nous raconterait son histoire. La vie reprendrait comme avant. J'en étais sûr. Et je crois bien que ma grand-mère pensait comme moi. Je l'avais entendue dire à Maman :

– Si Charles-Albert n'était plus de ce monde (Charles-Albert, c'est le prénom de mon grand-père), je le sentirais ! Or, je sens le contraire : il est vivant quelque part !

– Ma pauvre Mamie, avait murmuré Maman, si c'était vrai, nous aurions eu de ses nouvelles, forcément !

– On verra bien ! avait-elle dit.

Grand-mère était la seule à être comme avant. Elle continuait à sourire, alors que les autres se désespéraient.

Ma grand-mère, je l'aime autant que Grand-Grand, et ce n'est pas peu dire !

Elle est toute petite, toute calme, avec des grands yeux qui lui mangent le visage. Elle et lui se sont mariés très jeunes. Je crois que Grand-mère avait dix-huit ans à peine. Ils ont eu plein d'enfants et ils ne se sont jamais quittés... Alors, évidemment, tout le monde s'étonnait de voir Grand-mère aussi calme, alors que son compagnon de toujours avait disparu.

Des vacances sans Grand-Grand

Avec tout ça, le temps passait. Bientôt, les vacances arrivèrent. Habituellement, nous nous retrouvions tous dans la grande maison de famille que Grand-Grand avait achetée sur une plage perdue de la Manche.

Mais cette année, personne n'avait envie d'y aller : Grand-Grand nous aurait trop manqué !

J'ai une marraine qui habite en Provence et qui m'invitait depuis des années à aller passer des vacances chez elle.

– Cette fois, tu devrais accepter, m'a dit Maman. Là-bas, tu penseras moins à ton grand-père.

Après tout, c'était une bonne idée !

Maman m'a promis de bien s'occuper de mon chien Loupi pendant que je ne serais pas là et surtout de me prévenir si on avait des nouvelles de Grand-Grand.

Et je suis parti.

Marraine habitait un grand mas* ensoleillé. Juste au-dessus, il y avait les Alpilles bleu et mauve et, tout autour, des champs d'oliviers et des garrigues qui sentaient bon le thym et la lavande. Le soir, les cigales chantaient, sans arrêt.

* C'est une maison de campagne dans le Midi de la France.

Marraine était très gentille et elle se donnait un mal fou pour me distraire. On est allés voir les taureaux en Camargue, et puis les flamants roses, on a fait des excursions... C'était bien ! Enfin, ç'aurait été très bien si je n'avais pas pensé tout le temps à mon Grand-Grand.

Dès que je me retrouvais seul, je recommençais à me poser des questions : « Où est-il en ce moment ? Que fait-il ? Peut-être a-t-il besoin d'aide ? »

Je téléphonais souvent à la maison. Mais la réponse était toujours la même : aucune nouvelle !

Mon grand-père n'était toujours pas revenu.

Un mystérieux prestidigitateur

Un matin, me voyant un peu triste, Marraine m'a dit :

– Il y a un cirque de passage à Fontvieille. Veux-tu que nous y allions ce soir ?

J'ai failli lui dire non... parce que,

justement, le cirque, c'était notre passion à Grand-Grand et à moi. Je devais avoir trois ans quand il m'y a emmené pour la première fois et, depuis, nous ne manquions pas une seule représentation. Il me disait : « Il y a Pinder qui est là (ou Bouglione, ou Medrano)... On y va, Boris ? »

Et on y allait, tous les deux, aussi heureux l'un que l'autre.

Alors, forcément, je n'avais pas très envie d'y aller ce soir, sans lui. Mais Marraine était tellement gentille avec moi que je n'ai pas voulu lui faire de peine.

Nous sommes donc allés à Fontvieille. Le cirque avait dressé son chapiteau : il n'était pas immense, mais pas minuscule non plus.

Comme il faisait beau et que c'étaient les vacances, il y avait beaucoup de monde.

Marraine a acheté le programme. Il y avait beaucoup de numéros : Zélie Vinvin et ses oies savantes, Mi-ka-do l'homme-serpent, Les Noémi's au trapèze volant... Moi, je regardais ça d'un œil distrait. Je pensais à Grand-Grand : c'était la première fois que j'allais au cirque sans lui !

Et puis le spectacle a commencé. Il y a eu des clowns, des jongleurs... Et, comme les autres, j'ai beaucoup ri lorsque les oies de Zélie Vinvin se sont sauvées dans les coulisses.

À l'entracte, Marraine m'a offert une glace et la représentation a repris.

Le présentateur a annoncé : « Monsieur Personne, le magicien mystérieux. »

Il y a eu un roulement de tambour et un monsieur est entré sur la piste. Il était vêtu d'un smoking et son visage était dissimulé derrière un loup* noir.

* C'est un petit masque de velours.

Il était très grand. Il s'est approché du public et il a salué silencieusement la foule. Ses yeux bleu clair brillaient étrangement derrière son masque. Alors, je l'ai reconnu tout de suite. Malgré son déguisement. C'était mon Grand-Grand !

Ses tours de prestidigitation, je les connaissais par cœur : il les avait inventés pour nous ! Les bougies qui s'allumaient toutes seules, ça me rappelait le baptême de Valérie, les cartes qui volaient dans l'espace, j'avais vu ça pour la première fois au mariage de l'oncle Silvère.

C'était mon Grand-Grand, disparu et retrouvé.

Grand-Grand s'explique

J'ai failli me lever, crier, me précipiter vers Grand-Grand. Je serrais très fort mes poings dans mes poches.

Son numéro devait être très réussi, car les gens l'ont beaucoup applaudi. Mais moi, je ne voyais même plus ses gestes : j'avais des larmes plein les yeux.

Il est sorti de scène. Une écuyère et ses chevaux ont pris sa place. Alors, je me suis levé.

– Où vas-tu ? m'a demandé Marraine.

J'ai juste eu le temps de lui dire :

– J'ai retrouvé Grand-Grand !

Et j'ai filé dehors. On m'a indiqué la roulotte du prestidigitateur. J'ai frappé à la porte.

– Oui, entrez !

Grand-Grand se démaquillait. Il m'a aperçu dans la glace posée devant lui. Mais si vous vous imaginez qu'il s'est levé d'un bond, ou qu'il a agité ses grands bras, vous vous trompez ! Il a dit simplement, très calmement :

– Tiens, te voilà, Boris ! Je me demandais qui serait le premier à me découvrir. Je suis content que ce soit toi !

Puis il m'a fait asseoir sur la banquette qui lui servait de lit et il m'a tout raconté :

– Tu sais, mon petit gars, je vous aime tous et je suis très heureux de ma vie. Mais voilà ! mon rêve, c'était de faire, un jour, partie d'un cirque. Alors, un beau matin, je me suis dit qu'il n'était pas trop tard et je suis parti. Et je t'assure que je n'ai pas été déçu !

Je l'écoutais en silence. J'étais partagé

entre la joie de le revoir et, tout de même, une certaine colère. Je l'ai écouté, puis j'ai dit :

– Tu n'as pas beaucoup pensé à nous !

– Oh si ! a dit Grand-Grand en souriant.

– Et Grand-mère ? Tu n'aurais pas dû la laisser sans nouvelles.

Il ne m'a pas laissé finir, il a éclaté de rire. J'ai trouvé qu'il exagérait.

– Mais elle savait tout, ta grand-mère ! Tu penses bien que je l'avais mise au courant de mes projets ! Elle, je savais qu'elle comprendrait. Ce n'est pas comme ton père, ta tante Blandine ou même Silvère !

J'étais stupéfait. J'ai murmuré :

– Vous êtes de beaux cachottiers, tous les deux.

Alors, il m'a pris sur ses genoux et il m'a serré bien fort contre le col raide de son smoking. On est resté comme ça un long moment, en silence. Puis il m'a dit :

– Maintenant que tu m'as retrouvé, on ne se quitte plus. Le cirque doit encore donner une dizaine de représentations avant la fin de la saison, et je ne peux pas l'abandonner en route. Ici, tout le monde compte sur mon numéro. Mais ensuite, on rentrera ensemble à la maison. C'est promis, mon petit Boris !

Nous avons prévenu Marraine et la famille, et j'ai terminé mes vacances avec Grand-Grand, au cirque. Inutile de vous dire que j'ai passé deux semaines merveilleuses ! Voilà ! C'est comme ça que j'ai retrouvé mon Grand-Grand.

Maintenant, il a repris son rôle de grand-père : il fait des mots croisés, il promène le chien, il regarde les matchs de foot à la télé. Il a l'air bien tranquille.

Mais moi, je me méfie et je les surveille du coin de l'œil, Grand-mère et lui ! Parce que, tels que je les connais, tous les deux, ils sont bien capables de nous mijoter encore un tour !

Dans la même collection
J'aime lire

LA BIBLIOTHÈQUE ENSORCELÉE

Les sorcières se déchaînent

Aurore Coquille est une bibiothécaire modèle. Ainsi, ce vendredi 13, lorsqu'une paisible vieille dame lui demande le livre de sorcellerie d'A. Bracadabra, Aurore fait l'impossible pour le trouver. Pauvre Aurore ! Elle ne se doute pas que sa chasse au livre va l'entraîner dans une véritable chasse aux sorcières !

Une histoire écrite par Évelyne Reberg
et illustrée par Maurice Rosy.

LES TROIS AMIS DU PRINCE NICOLAÏ

Le triomphe de l'amour

La princesse Assia est si belle que tous les princes rêvent de l'épouser. Hélas, elle a reçu un mauvais sort : elle disparaît toutes les nuits. Le roi la promet en mariage à celui qui réussira à empêcher sa disparition trois nuits de suite. Tous ceux qui ont échoué eurent la tête coupée. Au désespoir de ses parents, le prince Nicolaï veut tenter sa chance. En route pour le château, il rencontre trois mendiants qui ont chacun un pouvoir magique.

Une histoire écrite par Chantal de Marolles
et illustrée par Philippe Fix.

KANGOUROU-NOUNOU

Le petit frère imaginaire

Daniel a beau rêver d'un petit frère, comme celui de sa copine Céline, rien à faire : il reste désespérément fils unique. Mais, un jour, un copain secret apparaît dans sa vie : c'est un super-kangourou. Et que cache-t-il dans sa poche ? Un petit frère inventé, qui grandit, qui grandit... Pourquoi pas jusqu'à devenir un petit frère « pour de vrai » ?

Une histoire écrite par Jean-Pierre Saintaurens et illustrée par Jean Claverie.

HUCHTÉ L'INDIEN

La revanche du petit boiteux

Dans la tribu des Dakotas, Huchté, le petit Indien, n'est pas comme les autres. Eux courent, dansent et chassent. Lui, il boite. Et lorsque les enfants se moquent de son pied déformé, il voudrait mourir, tant il est malheureux. Dans ces moments-là, Huchté s'en va dans la prairie retrouver ses meilleurs amis : les animaux. Des amis qui vont le mettre sur le chemin du bonheur.

Une histoire écrite par Leigh Sauerwein et illustrée par Urs Landis.

Achevé d'imprimer en août 1994 par Ouest Impressions Oberthur
35000 Rennes - N° 15476
Dépôt légal éditeur n° 1887 - Septembre 1994
Imprimé en France